QUIÉN TRABAJA EN MI VECINDARIO

EL MECÁNICO

LIGHTBOX
openlightbox.com

Sara Cucini

LIGHTBOX

Entre a
www.openlightbox.com
e ingrese el código único
de este libro.

CÓDIGO DE ACCESO

LBXU2225

Lightbox es una completa solucióndigital para enseñar y aprender temas curriculares de una manera original e innovadora. Lightbox se basa en las Normas Curriculares Nacionales.

OPTIMIZADO PARA

- ✓ TABLETAS
- ✓ PIZARRAS ELECTRÓNICAS
- ✓ COMPUTADORAS
- ✓ ¡Y MUCHO MÁS!

CARACTERÍSTICAS ESTÁNDAR DE LIGHTBOX

- **AUDIO** Narraciones de alta calidad con sistema de texto a voz
- **VIDEOS** Videoclips de alta definición incorporados
- **ACTIVIDADES** PDFs imprimibles que pueden enviarse por correo electrónico y calificarse
- **ENLACES WEB** Enlaces cuidadosamente seleccionados con recursos seguros para niños
- **PRESENTACIÓN EN DIAPOSITIVAS** Ilustraciones gráficas de los conceptos clave
- **MAPAS INTERACTIVOS** Mapas interactivos e imágenes satelitales aéreas
- **CUESTIONARIOS** Diez preguntas de elección multiple con puntaje automático que se envían por correo electrónico al docente para su evaluación
- **PALABRAS CLAVE** Combinación de los conceptos clave con sus definiciones

RECURSOS SUPLEMENTARIOS

- **COMPARTE** Comparte títulos dentro de tu Sistema de Gestión de Aprendizaje (LMS) o Sistema de Circulación de Bibliotecas
- **CURRÍCULO** Encuentre correlaciones curriculares Nacionales y Estatales.
- **CITAS** Crea referencias bibliográficas siguiendo los estilos de APA, CMOS y MLA

VIDEOS

ENLACES WEB

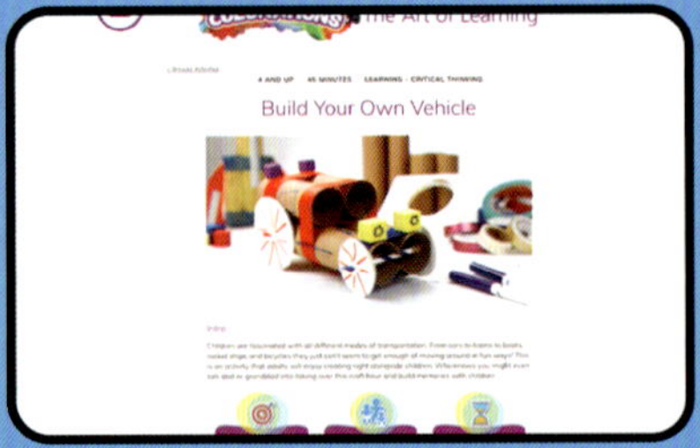

PRESENTACIÓN EN DIAPOSITIVAS

CUESTIONARIOS

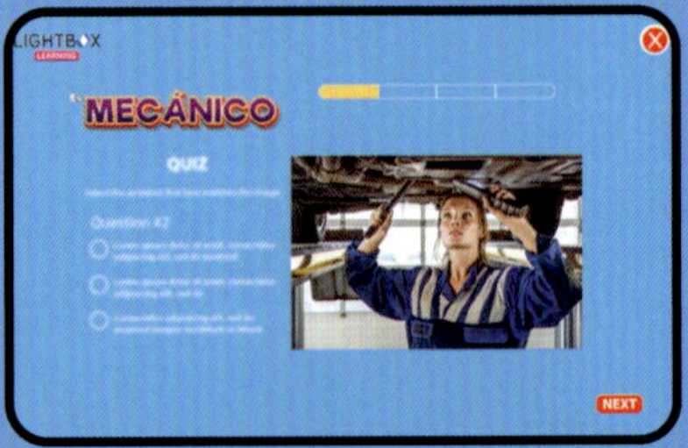

QUIÉN TRABAJA EN MI VECINDARIO

EL MECÁNICO

Contenidos

En mi vecindario hay un mecánico.

El mecánico se asegura de que los vehículos, como los autos y los camiones, puedan circular sin riesgos.

El mecánico trabaja en un taller de reparaciones de autos.

El **primer taller de reparaciones** de los Estados Unidos se inauguró en **Boston** en **1899**.

Los mecánicos revisan las diferentes partes del auto para asegurarse de que funcionen bien.

12

Los mecánicos también reparan vehículos dañados.

En los **Estados Unidos** hay cerca de **282 millones** de vehículos.

El mecánico usa muchas herramientas diferentes para reparar los vehículos.

Los mecánicos usan elevadores para levantar los vehículos en el aire.

Algunos elevadores pueden llegar **a levantar vehículos** que pesan **18 000 libras** (8 165 kilogramos).

Los mecánicos suelen trabajar con piezas engrasadas. Usan overoles para no ensuciarse.

Los mecánicos son personas importantes de mi vecindario.

En los Estados Unidos trabajan **más de 660 000 mecánicos**.

Veamos qué has aprendido sobre los mecánicos.

Describe lo que ves en cada una de estas imágenes.

Published by Lightbox Learning Inc.
276 5th Avenue, Suite 704 #917
New York, NY 10001
Website: www.openlightbox.com

Library of Congress Control Number: 2024948034

ISBN 978-1-5105-8587-4 (hardcover)
ISBN 978-1-5105-8586-7 (static multi-user eBook)
ISBN 978-1-5105-8584-3 (interactive multi-user eBook)

102024
112024

Printed in Guangzhou, China
1 2 3 4 5 6 7 8 9 0 29 28 27 26 25

Designer: Ana María Vidal
Project Coordinator: Sara Cucini
English/Spanish Translation: Translation Services USA

Every reasonable effort has been made to trace ownership and to obtain permission to reprint copyright material. The publisher would be pleased to have any errors or omissions brought to its attention so that they may be corrected in subsequent printings.

The publisher acknowledges Getty Images, Shutterstock, and Dreamstime as the primary image suppliers for this title.